Dieses

gehört

HANNA–
Isabell

Franz Hübner

Mein *Schutzengel* geht mit mir zur *Schule*

Mit Illustrationen
von Heidi Stump

Butzon & Bercker

Hallo, du, ich bin dein Schutzengel.
Ich bin immer für dich da,
wenn du mich brauchst.
Bald fängt für dich
ein neuer Lebensabschnitt an –
bald kommst du in die Schule.
Für diesen Neubeginn
wünsche ich dir
Gottes Segen und viel Freude!

Ich wünsche dir
einen guten Start
in dein erstes Schuljahr
und bin froh, dass ich dich
in dieser Zeit begleiten
und unterstützen darf.

Du wirst sehen:
Es wird dir viel Freude machen,
mit all deinen Klassenkameraden
in die Schule zu gehen.
Und bald wirst du
in deiner neuen Schulklasse
auch gute Freunde finden.

In der Schule gibt es
viel zu erleben.
Trau dich,
auch etwas Neues
auszuprobieren

und auf die anderen
Kinder zuzugehen!
Du wirst ganz schnell
viele Freunde finden.

Für dich sollen die Kinder
heute lachen,
dich sollen die Engel
heute bewachen.
Für dich soll der Himmel
heute strahlen
und dir ein Lächeln
ins Herz hineinmalen.

Es gibt so viel zu lernen
und zu entdecken für dich.
Warum verändert
das Chamäleon seine Farbe?
In welchem Land gibt es noch
wilde Tiger und riesige Bären?
Warum regnet es?
Warum wird es nachts dunkel?

Es ist ein kostbares Geschenk,
dass du lesen, rechnen, schreiben
und so viel Neues lernen darfst.
Es macht dich klug und stark
und hilft dir, gut in unserer Welt
zu leben.

Ich habe eine Bitte an dich.
Bitte denk daran:
Jedes Kind fühlt genauso wie du,
keines will geärgert werden!
Bitte ärgere auch du nicht die anderen!

Ich freue mich,
dass ich dein Schutzengel sein darf.
Wenn du mich brauchst,
dann bin ich für dich da.

Ich wünsche dir,
dass alle deine Wünsche
in Erfüllung gehen mögen.

Guter Gott,
der du diese Welt
erschaffen hast,
ich bitte dich:

Lass uns mit allem
versorgt sein,
was wir zum Leben brauchen.
Lass alle Menschen
glücklich und in Frieden
leben.

Jedes Kind kann etwas.
Ein Junge ist gut im Rechnen,
ein Mädchen ist besser
im Lesen und Schreiben.
Dir gefällt es vielleicht,
Lieder und Gedichte zu lernen
oder etwas über die Welt

der Tiere und Pflanzen
zu erfahren.
Entdecke, was in dir steckt.
Gib nicht auf, wenn dir etwas
nicht sofort gelingt.
Glaube immer an dich.

Wenn du dich mal streitest,
dann kannst du auch lernen,
dich wieder zu vertragen
und deinem Freund oder Mitschüler
wieder die Hand zu geben.

Es gibt Engel,
die lachen so schön –
wie du!

Jedes Kind hat einen
Schutzengel
und in jedem Kind
steckt ein kleiner Engel –
auch in dir!

Nicht alle Unterrichtsfächer
werden dir gefallen
und nicht alles wirst du
sofort verstehen.

Trau dich, zu fragen!
Deine Lehrer
und deine Eltern helfen dir.
Sie möchten, dass du
fröhlich in die Schule gehst.

Denk daran, dass dein Schutzengel
immer auf dich aufpasst!
Hilf ihm ein wenig
und pass auch selbst auf dich auf –
beim Toben, beim Springen,
beim Turnen und Schwimmen
und vor allem auf dem Schulweg!

Weißt du schon,
dass Eskimos ihre Häuser
aus Schnee bauen,
dass viele Gebiete
unserer Erde

nur eine endlose
heiße Wüste aus Sand sind,
dass es Mammutbäume gibt,
die so groß wie Häuser sind …?

Die Schulzeit ist
eine spannende Zeit.
Du wirst die Welt
der Zahlen entdecken
und die Welt der Sprache.
Du wirst etwas
über andere Länder
und Völker lernen
und über die Tiere
dieser Erde.

Wenn du mal Probleme oder Ärger
mit deinen Mitschülern hast,
dann sprich mit deinem Lehrer
und mit deinen Eltern!

Geh gesund, sicher
und beschützt
durch jeden Tag
und erinnere dich daran,
dass der liebe Gott
dich sehr, sehr mag!

Du wirst sehen:
In der Schule sind
alle Kinder verschieden.
Sie sind klein oder groß,
dick oder dünn,
haben Sommersprossen
oder einen Wuschelkopf.
Ein Mädchen kommt
vielleicht aus Italien,

ein Junge aus Polen
oder aus der Türkei.
Jedes Kind ist anders,
etwas ganz Besonderes
und Einzigartiges.

Und der liebe Gott
hat jedes Kind gleich lieb!

Danke, lieber Gott,
für diese neue Schulzeit.
Ich darf lernen und habe viel Spaß!
Gemeinsam mit den anderen Kindern
kann ich schreiben, rechnen,
malen und singen und in den Pausen
auf dem Schulhof herumspringen.

Danke, lieber Gott,
und pass auf uns alle auf –
jetzt, jeden Tag
und alle Zeit!

Ich wünsche dir,
dass du an vielen Tagen
deiner Schulzeit
mit dem Gefühl
nach Hause kommst:
„Ich bin klasse!
Mein Leben ist schön!“

Bibliografische Information der Deutschen Nationalbibliothek

Die Deutsche Nationalbibliothek verzeichnet diese Publikation in der Deutschen Nationalbibliografie; detaillierte bibliografische Daten sind im Internet über http://dnb.d-nb.de abrufbar.

Das Gesamtprogramm von Butzon & Bercker finden Sie im Internet unter www.bube.de

ISBN 978-3-7666-1338-7

Umschlaggestaltung, Layout und Satz: Elisabeth von der Heiden, Geldern

F E D C B A